Cendrillon

Walt Disney

Cendrillon

HACHETTE

Ont collaboré à cet ouvrage :
Marie Tenaille pour le texte et
l'Atelier Philippe Harchy pour les illustrations.

Hachette Livre, 43, quai de Grenelle, 75015 Paris.

RETROUVEZ DANS LA BIBLIOTHÈQUE ROSE

Le livre de la jungle

Blanche-Neige et les Sept Nains

Le Roi Lion

Cendrillon

Chapitre 1

Il était une fois, dans un lointain château, un riche seigneur dont l'épouse bien-aimée venait de mourir. Son unique consolation était sa petite fille, la plus charmante et la plus jolie qu'on eût jamais vue. Son père lui donnait toute l'affection et la tendresse dont elle avait besoin, mais

il pensait que l'amour d'une mère était indispensable à son bonheur. Ce gentilhomme épousa donc, en secondes noces, la veuve d'un de ses voisins qui avait deux filles du même âge que la sienne.

La fillette les considéra comme ses sœurs, leur prêta ses jouets, leur fit partager ses jeux, mais les deux demi-sœurs, Anastasie et Javotte, ne lui témoignèrent aucune gentillesse. Elles étaient en outre aussi laides que leur nouvelle sœur était belle, aussi désagréables qu'elle était aimable.

Et bientôt la belle-mère laissa paraître sa méchanceté. Elle ne supportait pas les qualités de sa jolie belle-fille, dont Anastasie et Javotte étaient horriblement jalouses !

Dans le secret de son cœur, la vilaine femme se mit à détester cette enfant. Mais, devant son époux, elle cachait sa colère et la traitait avec douceur.

Un triste soir, le gentilhomme ne rentra pas de la chasse. Hélas ! il avait été tué ! La belle-mère n'attendit pas longtemps pour déclarer à la pauvre petite orpheline :

« Désormais, je suis la maîtresse du château. »

En effet ! La malheureuse enfant dut quitter sa jolie chambre. La marâtre la relégua dans une mansarde du grenier, avec une méchante paillasse pour dor-

mir. Elle installa ses deux filles dans les plus belles chambres, avec de somptueux lits à baldaquin et de vastes miroirs où elles pouvaient se voir de la tête aux pieds.

Cette femme cruelle, follement envieuse du charme et de la beauté de sa belle-fille, vendit des meubles précieux pour acheter de magnifiques parures à Javotte et à Anastasie – ce qui ne changea rien à la laideur de ces deux pestes.

Pour satisfaire leurs caprices, elle fit disparaître, au fil des années, tout ce qui appartenait à l'orpheline qui ne posséda bientôt plus qu'une vieille robe. Mais, même vêtue de haillons, elle était cent fois plus belle que ses sœurs.

Et la marâtre chargeait la malheureuse jeune fille des travaux les plus pénibles : récurer les caves humides, dépoussiérer les greniers, frotter les parquets. Elle devait aussi être au service des trois dames pour éplucher les légumes, préparer les repas, les servir et laver la vaisselle. La pauvre petite n'avait même plus sa place à table ; elle devait s'asseoir près de la cheminée et se contenter d'un quignon de pain ! Lorsqu'elle avait fini son travail, elle se pelotonnait près de l'âtre, presque dans les cendres, le seul endroit où elle trouvait un peu de chaleur. C'est pourquoi ses sœurs, pour se moquer d'elle, l'appelèrent méchamment « Cucendron »... puis « Cendrillon ».

Malgré cela, Cendrillon restait douce et charmante. Elle espérait, par sa gentillesse, changer le cœur de sa belle-mère et de ses sœurs. Mais, depuis la mort de son père, ses seuls amis étaient les souris du château et les oiseaux du jardin. Chaque jour, dès le lever du soleil, les moineaux entraient par la fenêtre de sa mansarde en pépiant gaiement pour la réveiller.

Ce matin-là, Cendrillon se cacha sous ses draps pour rêver encore un petit peu. Quand, brusquement, la grosse horloge carillonna six coups, faisant trembler le château tout entier.

Elle soupira :

« Déjà six heures... cette vieille

rabat-joie de pendule me donne aussi des ordres ! »

Alors les oiseaux chantèrent pour lui donner du courage :

Le rêve de la vie, c'est l'amour...
Écoute ton rêve
et le soleil brillera toujours !
Même si tu as l'âme en peine,
Il faut y croire quand même !

« Merci mes amis ! leur répondit Cendrillon avec un sourire radieux. Vous avez raison, personne ne peut m'interdire de rêver. Peut-être qu'un jour mon rêve deviendra réalité... »

Et elle se mit à chantonner, accompagnée par ses amis qui voletaient autour du lit. Ils prirent dans leur bec les coins du drap, l'étendirent sur le matelas, secouè-

rent l'oreiller et l'édredon. En un clin d'œil, le lit fut fait !

En chantant toujours, ils aidèrent Cendrillon à faire sa toilette, plièrent et rangèrent sa chemise de nuit dans la commode, l'aidèrent à enfiler sa pauvre vieille robe.

Deux souriceaux surgirent alors, tout excités.

« Que se passe-t-il, Jaq ? lui demanda Cendrillon.

— Une souris dans le souriceau, non... dans la souricière... c'est un garçon !

— Vite ! allons le délivrer ! » dit Cendrillon qui dévala les escaliers du grenier, suivie de ses petits amis.

Au fond du piège, une boule de poils se débattait. Cendrillon ouvrit la trappe et tenta de saisir le captif.

« Viens, mon petit, je ne te ferai aucun mal ! » lui dit-elle.

Épouvanté, le prisonnier se blottit au fond du piège.

« Je vais aller lui parler, moi ! dit Jaq d'un ton résolu en entrant dans le piège.

— Que me veux-tu ? demanda le souriceau, sur ses gardes.

— N'aie pas peur. Je viens te sortir de là, voyons !

— C'est... vrai... vraiment vrai ? Et elle... c'est qui ?

— Cendrillon, notre amie ! »

Le souriceau, encore tremblant, sortit enfin de sa prison.

« Comment t'appelles-tu ? lui demandèrent les autres.

— Au... Au... guste ! bégaya-t-il, peu rassuré.

—Joli nom, mais trop long. On pourrait t'appeler Gus ?

— Gus ! Gus ! Gus ! scanda le chœur des petites souris.

— D'accord, j'accepte ! répondit le souriceau, tout souriant.

— Maintenant que tu fais partie de la maison, il faut que je t'habille ! dit Cendrillon. Je me demande si je vais avoir une chemise à ta taille. C'est que tu es un peu dodu... »

Elle prit dans le tiroir de sa commode la chemise qui lui parut la plus large. Après quelques efforts et contorsions, Gus réussit

à l'enfiler. Il alla se regarder dans le miroir et se trouva très beau.

Les nouveaux amis souriceaux échangèrent des poignées de patte. Mais l'heure avançait.

« Le travail m'attend, leur dit Cendrillon. Jaq, occupe-toi de Gus. Fais-lui visiter le château. Attention à Lucifer !

— Qui est-ce ? s'inquiéta Gus.

— Le chat de la maison !

— Un chat ? souffla Gus, l'air interrogatif.

— Oui... Gros, gras, bête et méchant ! cria Jaq. Ses crocs sont pointus comme des poignards, il mange les souris... »

Chapitre 2

C'était justement l'heure du repas de ce fameux Lucifer. Cendrillon, après avoir quitté ses amis souriceaux, le fit sortir de la chambre où Sa Majesté dormait sur de moelleux oreillers.

« Le repas de Son Altesse est servi ! lui annonça-t-elle, mais pas ici, à la cuisine ! »

Le matou bâilla et ouvrit un œil en faisant le gros dos, puis grogna en montrant aimablement ses griffes, avant de se décider à suivre la jeune fille.

Pataud, le chien de Cendrillon, dormait d'un sommeil agité sur son vieux tapis, au milieu de la cuisine.

« Pauvre Pataud, lui dit Cendrillon, tu rêves encore que Lucifer te poursuit, je parie ! Je voudrais tant que tu t'habitues à lui ! »

Lucifer, voyant Pataud encore à moitié endormi, lui décocha un méchant coup de griffe en passant. Le chien hurla de douleur, montra les dents, mais ne fit pas un mouvement vers le chat. Pourtant, Lucifer se laissa tomber sur le dos en miaulant à fendre l'âme.

« Un de ces jours, ta méchanceté te jouera des tours, Lucifer ! » lui dit Cendrillon qui avait tout vu.

Elle fit gentiment sortir Pataud et déposa un bol de lait devant les moustaches du chat.

La jeune fille le laissa seul pour

aller donner à manger aux animaux de la basse-cour.

« Venez ! Venez ! claironna-t-elle de sa jolie voix en leur jetant du grain. C'est l'heure du petit déjeuner ! »

Les poules, les oies, les canards, les dindes et les pintades accoururent dans un joyeux brouhaha. Au même moment, Jaq battait le rap-

pel dans tous les trous de souris, car c'était le moment d'aller chiper du grain dans la cour.

« Déjeuner ! déjeuner ! » répétait Gus plein d'espoir, en se frottant la panse.

Hélas, impossible de traverser la cuisine pour atteindre la basse-cour et attraper du grain. Lucifer, étendu de tout son long, leur barrait le chemin !

« Le chat... le chat ! crièrent les souris affolées.

— Il faut que l'un de nous éloigne Lucifer de la porte, le temps de laisser passer les autres..., proposa Jaq.

— Bonne idée. Qui se dévoue ?

— Tirons à la courte queue ! »

Les souris se mirent en rond

et mêlèrent leurs queues. Jaq hésita... en choisit une et tira très fort.

« Aïe ! hurla-t-il. C'est la mienne... »

Courageux, il s'avança d'un pas décidé vers Lucifer qui lui tournait le dos. Toujours allongé sur le sol, le chat jouait d'une patte distraite avec son bol.

« À nous deux, ignoble animal... », murmura Jaq en s'approchant sans bruit.

Vlan ! il lui envoya de toutes ses forces un bon coup de patte dans le derrière. Le matou, surpris, piqua une tête dans son bol, éternua et cracha.

Les souris en profitèrent pour surgir de leurs cachettes et traver-

ser la cuisine à toutes pattes. Elles atteignirent la basse-cour saines et sauves et commencèrent à se régaler de grain.

Déjà Lucifer avait repris ses esprits et poursuivait Jaq qui courait à travers la pièce. Un trou de souris lui sauva la vie. Il s'y réfugia pour reprendre souffle... Puis, sortant le museau de son abri, il se mit à faire des grimaces à Lucifer qui écumait de rage, oubliant les petites souris qui avalaient tout ce qu'elles pouvaient pendant ce temps-là.

« Filons avec nos provisions ! cria soudain l'une d'elles. Ne laissons pas Jaq trop longtemps avec Lucifer. Ce chat est vraiment dangereux ! »

Gus venait d'apercevoir un grain énorme, le dernier ! Il se précipita pour le prendre, mais une poule le voulait. Pour le récupérer, elle prit Gus dans son bec et le lança en l'air !

Retombé sur terre, Gus suivit le chemin de la cuisine, comme les autres souris. Il se dépêchait pour rattraper ses compagnons, mais

ses provisions le gênaient pour avancer. Tout à coup, en dépassant Lucifer, toujours aux prises avec Jaq, il s'effondra sur le carrelage.

Malheur ! ses grains de maïs roulèrent dans tous les sens ! Pas question de les abandonner. Pour les récupérer, le gourmand alla s'aventurer presque sous le museau de l'affreux matou.

« Au secours ! » gémit-il, en apercevant le fauve.

Trop tard... une énorme patte griffue le cloua au sol. Heureusement, Jaq veillait. Il fit basculer le balai juste au bon moment... Bang ! le manche de bois s'abattit sur le crâne du chat qui en vit trente-six chandelles et lâcha prise.

Gus grimpa sur la table pour se

mettre à l'abri. Mais Lucifer l'avait aperçu. Il s'approcha de la table, se dressa sur ses pattes de derrière et... clac ! retourna une tasse sur le souriceau qui resta captif.

Dring ! Dring ! Dring ! Trois sonnettes retentirent au même instant. C'étaient la belle-mère de Cendrillon, Anastasie et Javotte qui réclamaient leur petit déjeuner.

« Voilà, j'arrive ! » cria Cendrillon.

Les plateaux prêts, elle retourna les deux autres tasses sur les soucoupes pour ne pas risquer de les faire tomber. Les sonnettes tintaient, les trois femmes glapissaient :

« Mon chocolat ! mon café ! mes tartines ! »

Sans perdre un instant, Cendrillon posa un plateau sur sa tête, en prit un autre dans chaque main et monta l'escalier.

« Avez-vous bien dormi ? demanda-t-elle à ses sœurs en déposant leurs petits déjeuners sur la table de leur chambre.

— Ça ne te regarde pas ! rétorqua Javotte. Occupe-toi plutôt de mes robes. Qu'elles soient repassées correctement !

— Raccommode mes bas ! Cire mes souliers ! » hurla Anastasie.

Cendrillon déposa le troisième plateau chez sa belle-mère. Des cris retentirent au moment où elle sortait de sa chambre :

« Une souris ! Au secours ! c'est Cendrillon ! elle l'a fait exprès ! » piaillait Anastasie qui venait de découvrir le malheureux Gus, emprisonné sous sa tasse.

Les deux sœurs, affolées, couraient pieds nus dans tous les sens, grimpaient sur les chaises, montaient sur les lits, en répétant de leur voix stridente :

« Maman, punis-la ! punis-la ! »

Cendrillon s'avança vers sa belle-mère, toute tremblante.

« Tu trouves le temps de faire de mauvaises farces ? rugit la marâtre. C'est que tu n'as pas assez de travail ! Lave donc les rideaux, nettoie les tentures, et baigne Lucifer.

— Elle va se faire griffer, bien fait ! » ricanèrent les deux pestes qui savaient que Lucifer détestait l'eau.

Chapitre 3

Pendant ce temps, au palais royal situé sur la colline qui dominait la ville, le roi était fou de rage. Il arpentait son cabinet de travail à grands pas en grommelant dans ses moustaches :

« Mon fils unique m'exaspère ! Il ne s'intéresse qu'aux armes et aux chevaux ! Pas aux jeunes filles ! Il faut que ça change ! Je veux qu'il épouse une princesse au plus vite ! Qu'on fasse venir mon grand chancelier immédiatement ! »

L'homme arriva, tout tremblant.

« Que Votre Majesté se calme, dit-il timidement.

— Je me sens tout seul dans ce grand palais ! hurla le monarque. Je veux que mon fils se marie ! J'ai l'âge de faire sauter mes petits-enfants sur mes genoux !

— Patience, Majesté ! Il faut d'abord qu'il rencontre une princesse et tombe amoureux d'elle.

— Voilà des mois que je lui fais présenter les plus ravissantes ; il ne les regarde même pas !

— Il ne les trouve pas à son goût, sans doute.

— Avec ses idées romantiques idiotes, il ne fera jamais rien. Je veux...

— Mais l'amour, Votre Majesté... les sentiments...

— Fariboles ! L'important est qu'un jeune homme rencontre une jeune fille dans des conditions favorables. À nous de tout organiser pour qu'il tombe amoureux : ce soir, nous allons donner un grand bal, le plus grand bal du siècle !

— Ce... ce... ce soir ? s'affola le grand chancelier.

— OUI ! Et mon fils s'éprendra d'une jeune fille cette nuit même ! rugit le roi, en frappant son bureau. Veillez à ce que toutes les filles du royaume en âge de se marier soient conviées. Toutes, sans exception !

— Mais, Sire... je crains que nous n'ayons pas le temps de..., murmura le grand chancelier en se retirant, complètement effaré.

— Il faudra le trouver ! hurla le roi. C'est un ordre ! »

Au château, Cendrillon accomplissait toutes ses corvées, courant sans répit des caves aux greniers. Par moments, les vocalises de ses sœurs lui parvenaient, complètement fausses comme d'habitude. Leur mère s'évertuait, sans grand résultat, à les faire chanter.

Soudain, trois grands coups ébranlèrent la porte d'entrée.

« Qui est-ce ? » demanda Cendrillon, car personne ne venait en visite au château depuis la mort de son père.

« Au nom du roi, ouvrez ! » insista une voix.

Cendrillon ouvrit la porte. Un messager en uniforme lui tendit un pli cacheté.

« Lettre urgente de Sa Ma-

jesté ! » annonça-t-il en tournant les talons.

Cendrillon, la lettre entre les mains, hésita un instant à interrompre la leçon de musique. Pourtant, il le fallait... Elle se dirigea vers le salon.

« Je t'avais pourtant interdit de nous déranger ! gronda méchamment la châtelaine. Tu seras punie !

— Mais c'est un pli qui vient du palais ! dit Cendrillon.

— Du palais ! s'exclama la marâtre, en le lui arrachant des mains, qu'attends-tu pour me le donner ? »

Elle brisa le cachet de cire et lut avidement le message.

« Mes filles ! clama-t-elle. Un bal

est organisé ce soir, à la cour, en l'honneur de Son Altesse le Prince...

— Un bal !..., s'écrièrent Anastasie et Javotte, stupéfaites.

— Par ordre du roi, toutes les jeunes filles en âge de se marier sont invitées, reprit leur mère. Le Prince choisira l'une d'entre elles pour l'épouser. »

Les deux sœurs, ravies, se mirent à danser de joie en braillant de leur voix de fausset.

Cendrillon, restée dans l'embrasure de la porte, avait entendu la nouvelle.

« Toutes les jeunes filles, sans exception... je suis donc invitée, moi aussi ! osa-t-elle dire.

— Tu te vois danser avec ton balai ! ricana Anastasie.

— En haillons, avec ton plumeau et ton chiffon, tu feras sensation ! ajouta Javotte en pouffant de rire.

— Le roi invite toutes les jeunes filles », répéta Cendrillon, sans écouter leurs moqueries.

La belle-mère se tourna vers elle et dit d'une voix aigre :

« Ne désobéissons pas aux ordres royaux. Je te permets d'aller au bal si tu as fini tout ton travail... et si tu trouves une robe convenable à te mettre ! »

Cendrillon, toute joyeuse, sortit du salon en courant.

Elle grimpa l'escalier qui menait à sa mansarde, encore tout étonnée d'avoir obtenu cette permission.

« Quelle robe vais-je mettre ? » se demandait-elle, inquiète.

Elle se souvint qu'au fond du grenier elle gardait un vieux coffre qu'elle n'ouvrait jamais. Il contenait des vêtements qui avaient appartenu à sa mère. Ses amis souriceaux, intrigués, la suivirent sous les toits.

« Qu'est-ce que tu fais ? s'étonnèrent-ils en la voyant ouvrir ce coffre et en sortir une robe de soie rose...

— Il y a bal au palais. Je dois être la plus belle ! leur répondit Cendrillon en disposant la robe sur un mannequin.

— Heu... elle est un peu démodée ! constatèrent ses amis.

— Bien sûr, mais je vais l'arranger. Il faut juste raccourcir les manches, poser une collerette, ajouter un volant, une ceinture... vous verrez ! leur assura-t-elle en fouillant dans le coffre, ce sera ravissant ! »

Au même instant, des appels stridents retentirent en bas :

« Cendrillon ! Cendrillon ! Viens immédiatement ! »

La jeune fille redescendit, toute triste, en murmurant :

« Pourvu que j'aie le temps de finir ma robe pour ce soir ! »

« Sûrement pas ! grogna Jaq, furieux. Ces pestes ne vont pas lui laisser un instant, jamais sa robe ne sera prête.

— Et elle ne pourra pas aller au

bal. Non ! c'est trop injuste ! s'écria Gus en colère. Écoutez, j'ai une idée !

— Dis vite ! Quoi ? Quoi ? Quoi ? demandèrent les souris et les oiseaux, rassemblés autour de la robe.

— Faisons-lui une surprise : mettons sa robe à la mode !

— Nous allons lui confectionner la plus belle robe de bal qu'on ait jamais vue ! s'écria Jaq, tout joyeux. Donnez-moi du fil, des aiguilles, des ciseaux... ! »

Tous se mirent à l'ouvrage. Les uns coupaient, les autres bâtissaient, cousaient, brodaient, tissaient, ajoutaient un ruban, un volant, une collerette... et les oiseaux chantaient gaiement tout en les aidant.

Pendant ce temps, Cendrillon répondait aux caprices de ses sœurs et de sa belle-mère. Les deux filles n'étaient jamais satisfaites :

« Cette robe est horrible, elle ne me va pas ! La ceinture me serre..., cria Anastasie en l'arrachant et en la piétinant.

— Parce que tu as encore grossi ! se moqua Javotte. Et moi, je ne veux plus de ce collier de perles ridicule ! cria-t-elle en le brisant, ce qui fit rouler les perles à travers la pièce.

— Du calme, mes chéries ! hurla leur mère. Si vous continuez à vous énerver, vous ne serez pas en beauté pour le bal ! »

Gus et Jaq, qui venaient d'entrer dans la pièce, n'en croyaient pas leur bonheur.

« Un ruban ! Voilà la ceinture qu'il nous faut pour la robe de Cendrillon ! s'écria Jaq en le ramassant.

— Et ces perles bleues... de quoi faire un ravissant collier ! Tu peux les enfiler sur ma queue... », ajouta Gus.

En progressant pas à pas pour ramasser les perles, Gus était si absorbé qu'il ne remarqua pas la présence de Lucifer ! Le souriceau avançait tout droit vers sa gueule ; le chat, immobile, attendait, sûr de le croquer...

« Gus ! Attention ! » cria Jaq, épouvanté.

Un bond de côté... Il était temps !

Gus détala en vitesse, semant quelques perles dans sa fuite. Lucifer s'élança. Vlan... boum ! il dérapa sur les perles et s'étala sur le parquet si bien ciré par Cendrillon !

Avant que le chat ne se soit relevé, les deux souriceaux avaient déjà filé rejoindre les couturières, là-haut sous les toits où le travail les attendait.

Souris et moineaux terminèrent bientôt leur chef-d'œuvre. C'était une splendeur. Comme Cendrillon allait être contente !

La pauvre petite se désespérait de ne pouvoir monter dans sa chambre. À peine avait-elle fini un

ouvrage qu'on lui en commandait un autre. Il était clair que sa belle-mère s'était moquée d'elle en prétendant lui donner l'autorisation d'aller au bal. Quant à ses sœurs, elles faisaient tout pour la retarder et l'empêcher de se préparer.

« Jamais ma robe ne sera prête à

temps... », pensait tristement Cendrillon.

C'est seulement lorsque sa belle-mère et ses sœurs furent habillées et coiffées qu'elle put enfin monter à sa mansarde. Elle avait les yeux pleins de larmes en grimpant les marches.

Chapitre 4

Mais une surprise l'attendait sur le palier : les couturiers et couturières lui faisaient une haie d'honneur ! Cendrillon ouvrit la porte et découvrit la merveille.

« Jamais je n'ai vu plus jolie robe ! Comment avez-vous fait ? demanda-t-elle. Où avez-vous trouvé cette ceinture, ces perles fines ?

— Pas le temps... Vite, enfile-la ! Le carrosse va arriver ! » l'interrompit Gus.

Aidée des oiseaux, Cendrillon enfila sa robe.

« Oh ! comme tu es belle ! pépiaient les moineaux ravis, en nouant la ceinture autour de sa taille fine, et en lui passant le collier autour du cou.

— Merci, merci ! » répétait Cendrillon qui croyait rêver.

Dans la cour du château, les roues du carrosse grincèrent.

« À bientôt mes petits amis ! dit Cendrillon. Demain, je vous raconterai le bal. Je suis heureuse... heureuse ! »

Elle dévala l'escalier au moment où la châtelaine faisait ses dernières recommandations à ses deux laiderons de filles :

« Lorsque vous serez présentées au Prince, souriez, faites la révérence. Si le Prince vous remarque... votre avenir...

— Attendez ! attendez-moi ! » dit la voix douce de Cendrillon au moment où les trois femmes, sanglées dans leurs robes, traversaient le vestibule, fières comme des paons.

Elles s'arrêtèrent net et se retournèrent vers l'escalier.

« Cendrillon ! s'exclamèrent-elles.

— Voyez, je suis prête... juste à temps ! leur dit-elle. Comment trouvez-vous ma robe ?

— Maman ! Elle ne va tout de même pas venir au bal avec nous ? dit Javotte, outrée de voir Cendrillon vêtue d'une si belle robe.

— Je ne veux pas d'elle ! hurla Anastasie en trépignant.

— J'ai donné ma parole, mesdemoiselles, murmura la mauvaise femme en s'approchant de Cendrillon. Oui, ta robe est très jolie, mon enfant...

— Non ! elle est affreuse ! glapit Javotte.

— Et ce collier... cette ceinture me plaisent beaucoup..., ajouta la marâtre avec un sourire perfide.

— Voleuse ! hurla Javotte, qui venait de reconnaître son collier de perles. Rends-le-moi immédiatement.

— Mais tu n'en voulais plus ! Tu l'as jeté par terre... »

Javotte tira de toutes ses forces sur le collier, qui cassa, puis elle déchira la jolie collerette de dentelle.

« C'est ma ceinture ! Elle m'a volé ma ceinture ! hurla Anastasie en la lui arrachant, et où as-tu pris ce volant ?

— Je vous en prie, je vous en

supplie, ne déchirez pas ma robe... ce sont mes amis qui l'ont faite pour que je puisse aller au bal ! » répétait Cendrillon en pleurant.

Impossible d'arrêter les deux furies : elles mirent la robe de Cendrillon en lambeaux.

La châtelaine les laissait faire, trop heureuse de se débarrasser

de Cendrillon qui ne pourrait aller au bal dans cet état. Elle dit enfin à ses filles :

« Allons, allons, mes tourterelles ! Calmez-vous, voyons ! Vous allez vous décoiffer, brouiller votre teint et abîmer vos tenues de bal. Vous pourriez ne pas plaire au Prince ! Partons vite maintenant, le carrosse nous attend ! »

La méchante femme ouvrit la porte, et toutes trois descendirent les marches du perron dans un frou-frou de robes de soie.

À travers ses sanglots, Cendrillon entendit encore sa belle-mère lui crier d'un ton faussement aimable : « Bonne soirée ! »

Puis le bruit de leurs pas résonna sur le gravier, les roues du carrosse grincèrent et les chevaux partirent au galop... Cendrillon était seule, elle n'irait pas au bal.

La malheureuse sortit du château, descendit les marches à son tour et alla dans le parc pour pleurer à son aise. Affalée contre un vieux banc de pierre, elle gémissait :

« C'est fichu ! Je n'irai pas... Pourquoi, mais pourquoi m'ont-elles fait cela ? »

Submergée par le désespoir, Cendrillon ne savait pas que tous ses amis l'avaient suivie dans la nuit. Les souriceaux, les oiseaux, le chien Pataud et le vieux cheval blanc pleuraient en silence, sans oser s'approcher. Comme ils étaient tristes !

« Mon rêve s'est envolé, sanglotait la jeune fille. Mon beau rêve de rencontrer le Prince ! »

Et elle pleurait, pleurait, pleurait... désespérée.

« Que pouvons-nous faire pour elle ? comment la consoler ? » se demandaient ses amis sans trouver de réponse.

Une jolie chanson résonna dans le parc et des lueurs étranges traversèrent la nuit. Il y eut comme une pluie d'étoiles. Les animaux, stupéfaits, en oublièrent presque leur chagrin. Cendrillon, tout à sa peine, n'avait encore rien remarqué.

« Qu'est-ce qui se passe ? demanda Gus.

— On n'a jamais vu ça ! s'étonnèrent ses compagnons.

— Attendez et regardez ! sembla murmurer le vieux cheval blanc, voyant venir quelqu'un.

— J'ai perdu tout espoir ! gémissait Cendrillon.

— En es-tu sûre, mon enfant ? demanda une jolie voix.

— Oui ! oui ! sanglota la pauvre

jeune fille, sans même relever la tête pour voir qui lui parlait.

— Voyons ! voyons ! Sèche vite ces grosses larmes et écoute-moi : je suis venue tout arranger ! » reprit la même gentille voix.

Cette fois, Cendrillon se redressa. Devant elle se tenait une charmante dame, rondelette, souriante, tout habillée de bleu et enveloppée d'un ample vêtement à capuchon.

« Tu ne vas pas aller au bal avec un nez rouge et des yeux gonflés ! lui dit-elle.

— Justement... je pleure parce que je ne peux pas y aller ! J'en avais tellement envie... mais c'est impossible !

— Bien sûr que si ! Tu iras au

bal, promit la dame. Seulement dépêchons-nous ! Il me faut un petit moment pour accomplir mes prodiges...

— Vos prodiges ? s'étonna Cendrillon.

— Bien sûr... mais où est ma baguette magique ? J'en ai besoin ! Où l'ai-je fourrée ? Je suis certaine de l'avoir prise.

— Alors... c'est que vous êtes...

— Ta Marraine, la Fée ! Tu ne me reconnais pas ?

— Si, si ! » s'empressa de répondre Cendrillon, surprise et ravie de sa présence.

La Fée tendit le bras, et hop ! sa baguette, brillante comme une pierre précieuse, vint se poser dans sa main. Les animaux n'en revenaient pas. Ils avaient repris espoir.

« Bon, par où allons-nous commencer ? demanda la Fée. Tout d'abord... il me faut une belle citrouille.

— Une citrouille ? s'étonna Cendrillon.

— Bien sûr. Tu ne voudrais pas aller au bal à pied ? Ah ! j'en aperçois une là-bas ! »

D'un grand geste de sa baguette magique, elle la fit rouler jusqu'à elle. Puis elle marmonna une formule compliquée et – miracle ! – elle se transforma en un beau carrosse doré !

« Oh ! Oh ! Oh ! firent les animaux, stupéfaits.

— C'est une merveille ! s'écria Cendrillon.

— Bon ! Maintenant, avec ce carrosse, il nous faut... »

Le vieux cheval hennit pour se faire remarquer. En vain ! La Fée ne le regarda même pas.

« Il me faut des souris ! dit-elle.

— Nous sommes là ! s'écrièrent Jaq et Gus, tout fiers.

— Nous aussi ! dirent deux autres souriceaux.

— Épatant ! » s'exclama la drôle de dame.

Et hop ! d'un coup de baguette magique, les souriceaux furent changés en quatre beaux chevaux gris pommelé.

« Et maintenant, il nous faut un cocher ! » déclara la Fée en se dirigeant vers le vieux cheval blanc.

Elle le toucha de sa baguette et il se changea en cocher !

« Et le laquais..., dit la Fée, cherchant qui métamorphoser. Toi, Pataud ! tu seras parfait ! » ajouta-t-elle.

Le chien, tout heureux, marqua

son enthousiasme par un aboiement ; l'instant d'après, c'était un laquais stylé !

Cendrillon, émerveillée, avait assisté à ces transformations ; elle en restait muette.

« Quant à toi, ma chérie, tu n'as plus qu'à monter dans ton carrosse doré ! lui dit la Fée.

— Mais... marraine..., murmura Cendrillon. Ma robe ?

— Quoi, ta robe ? elle te va très bien. Oh non ! elle est en loques ! Quelle étourdie je suis. Tu n'iras pas au bal comme ça !

— C'est bien ce que je pensais, dit Cendrillon, toute souriante.

— Bon, laisse-moi faire ! Je veux pour toi une robe éblouissante, digne de ta beauté. »

Pour habiller sa filleule, la Fée déploya tout son talent. Elle agita sa baguette en murmurant de mystérieuses formules. Un poudroiement d'étoiles entoura la jeune fille qui se trouva alors vêtue de la plus jolie robe qu'on eût jamais vue. Soulevant sa longue jupe d'organdi, elle découvrit ses pieds

chaussés des plus ravissantes pantoufles de verre.

« C'est comme un rêve ! murmura Cendrillon émerveillée, en esquissant trois légers pas de danse.

— Oh ! qu'elle est belle ! pépièrent tous ses amis oiseaux.

— Mais comme tous les rêves, poursuivit la Fée, il ne peut durer très longtemps... Il finira à minuit !

— Minuit ! s'exclama Cendrillon. Oh ! merci ! merci ! J'aurai bien le temps de danser.

— N'oublie pas ! répéta la Fée. Au douzième coup de minuit, le charme sera rompu. Plus de carrosse, ni de chevaux, ni de laquais, ni de belle robe. Tout redeviendra comme avant !

— Je n'oublierai pas ! promit Cendrillon.

— Dépêche-toi de partir pour le bal. Les heures passent si vite quand on est heureux ! lui rappela sa marraine.

— En route ! » s'écria le laquais tout souriant, en aidant Cendrillon à monter dans le carrosse. Le cocher fit claquer son fouet. Les quatre chevaux emportèrent leur chère Cendrillon à la vitesse du vent.

La Fée disparut, sachant que le magnifique attelage arriverait bientôt au palais royal, et que Cendrillon y ferait sensation...

Chapitre 5

Dans l'immense salon, décoré et illuminé pour le bal, le maître de cérémonie présentait au Prince toutes les jeunes filles en âge de se marier. Depuis une heure déjà, elles défilaient devant lui. Et ce n'était pas fini !

Le Prince, plus séduisant que jamais dans sa tenue de gala bleu et or, s'inclinait avec grâce et cour-

toisie au passage de chacune, mais il semblait distrait, perdu dans ses pensées. Peut-être s'ennuyait-il, car il bâillait.

Assis près de son chancelier, le roi surveillait le déroulement de la fête. Voyant passer une ravissante princesse, il grommela dans l'oreille de son voisin :

« Ma parole, mon fils est aveugle ! Cette belle princesse m'aurait donné de charmants petits-enfants... dommage !

— Sire, un peu de patience, lui recommanda le chancelier, nous n'en sommes même pas encore aux fiançailles ! »

À ce moment, le maître de cérémonie annonça :

« Mesdemoiselles Anastasie et Javotte de Trémène. »

« Des guenons ! » marmonna le roi.

Les deux laiderons s'approchèrent du Prince avec trop d'empressement, et firent tant de manières et de courbettes que Javotte marcha sur la traîne d'Anastasie qui s'empêtra dans ses jupons et manqua s'étaler de tout son long !

« Maladroite ! s'écria la cadette.

— Idiote ! répliqua l'aînée.

— Voyons, mes filles, un peu de tenue ! souriez pour montrer vos charmes », gronda leur mère, furieuse.

Le Prince se dirigea vers elles avec un étrange sourire...

« Il est fou ! s'écria le roi. Il ne

va pas choisir l'un de ces épouvantails !

— Chut ! Sire, on pourrait vous entendre, souffla le chancelier. Voyez : ce n'est pas elles qu'il regarde. »

Le Prince s'avançait toujours. Anastasie murmura :

« Il vient vers moi !

— Pas du tout, coupa Javotte, c'est ma beauté qui le séduit... »

Le Prince ne les avait pas même remarquées. Il passa entre les horribles sœurs et marcha vers l'entrée de la salle de bal où la plus ravissante des créatures venait d'apparaître, vêtue d'une robe magnifique.

Souriant, rayonnant de bonheur, le Prince alla à la rencontre

de Cendrillon et lui offrit son bras. De sa loge, le roi, les yeux arrondis d'étonnement et de plaisir, observait la scène.

« Qui est cette merveilleuse jeune fille ? demanda-t-il à son chancelier. Le maître de cérémonie ne l'a pas annoncée. Quel est son nom ?

— Je... je ne sais pas, Sire, répondit l'homme, tout ému du spectacle. Je ne l'ai jamais vue !

— Ça ne fait rien, qu'ils dansent maintenant. Dites à l'orchestre de commencer à jouer immédiatement !

— Un quadrille, Sire ?

— Mais non, voyons ! Une valse, la plus harmonieuse et la plus tendre des valses ! »

Dès les premières mesures, le Prince s'inclina vers la ravissante inconnue.

« M'accorderez-vous cette danse ? » lui demanda-t-il.

D'un sourire, elle accepta. Ils s'élancèrent et les invités, oubliant de danser, firent cercle autour de ce couple charmant. Chacun se demandait :

« Mais qui est-elle ? D'où vient-elle ? À quelle famille appartient-elle ? »

Personne ne connaissait cette merveilleuse jeune fille.

Elle dansait avec tant de grâce

qu'on l'admira encore davantage. Le Prince, enchanté, ébloui, n'avait d'yeux que pour elle. Il lui demanda de lui accorder la danse suivante, et encore la suivante.

Dans un coin de la salle de bal, Anastasie et Javotte se tenaient près de leur mère, furieuses qu'aucun officier du royaume ne les invite à danser. Jalouses de l'élue du Prince, elles osaient la critiquer.

« Sa robe est trop décolletée ! dit l'une.

— Le tissu bien trop vaporeux ! » ajouta l'autre.

À force de l'observer, Javotte dit soudain :

« C'est drôle, j'ai l'impression de l'avoir déjà vue quelque part !

— Moi aussi, renchérit Anastasie. Et toi, maman ?

— Il me semble, en effet, l'avoir déjà rencontrée. Non ! c'est impossible... »

Comment auraient-elles pu reconnaître, en cette jeune fille resplendissante, le souffre-douleur qu'elles avaient laissé à la maison ?

Le Prince dansa avec Cendrillon pendant des heures. Lorsqu'ils se sentirent las, ils allèrent se promener dans les jardins. La jeune fille, tout à son bonheur, oubliait ses soucis. Son cœur chantait de joie.

Un air de valse les attira de nouveau dans les salons. Ils se remirent à danser.

Et la soirée se prolongea. Mais soudain, ding ! l'horloge du palais sonna le premier coup de minuit !

Cendrillon sursauta.

« Je dois rentrer, dit-elle, tout affolée.

— Comment ? il est trop tôt ! insista le Prince.

— Au revoir !

— Non ! ne partez pas, supplia le Prince.

— Il le faut absolument.

— Pourquoi ?

— Minuit sonne, dit la jeune fille. Je dois vous quitter !

— Je vous accompagne à votre carrosse !

— Il ne faut pas. Au revoir ! répéta Cendrillon en s'élançant vers le grand escalier.

— Revenez ! revenez ! lui cria le Prince. Je ne connais même pas votre nom ! Comment pourrai-je vous retrouver ? »

Mais Cendrillon ne l'entendait plus. Légère comme une plume, elle dévalait les marches du grand escalier de marbre. Dans sa course folle, elle perdit l'une de ses mules.

« Ma pantoufle de verre ! » s'écria-t-elle.

Ding ! l'horloge sonna le sixième coup de minuit. Elle ne prit pas le temps de la ramasser.

« Mademoiselle ! revenez ! » cria le Prince en se précipitant à sa suite.

Enchanté de cette idylle qui allait ravir le roi, le chancelier, qui les observait de loin, s'affola de voir la jeune fille s'enfuir sans se retourner. Il descendit les marches aussi vite que ses jambes le lui permettaient.

Ding !

Le neuvième coup de minuit sonna. Cendrillon sauta dans le carrosse. L'attelage s'élança aussitôt au grand galop.

« Fermez les grilles du parc ! » cria le chancelier tout essoufflé aux gardiens.

Trop tard ! Le carrosse venait de les franchir et disparaissait déjà dans la nuit.

Apprenant que le Prince ne connaissait pas même le nom de la jeune fille qui avait pris son cœur, le chancelier ordonna :

« Envoyez des cavaliers pour rattraper ce mystérieux carrosse ! »

À ce moment, le Prince vit briller sur une marche du palais la petite pantoufle de verre, perdue par Cendrillon. Il la ramassa et la serra sur son cœur.

Et tandis que le carrosse filait à travers bois, poursuivi par deux écuyers du roi, le onzième et le douzième coups de minuit retentirent dans le lointain...

« Tout est fini ! murmura Cendrillon en fermant les yeux. Adieu, mon cher prince... Mon beau rêve s'achève ! »

Chapitre 6

Lorsqu'elle rouvrit les yeux, Cendrillon se trouvait assise au bord d'un chemin, vêtue de sa robe déchirée ! Une grosse citrouille roulait sur la pente. Le chien Pataud et le vieux cheval étaient tout désemparés. Les souris, qui n'y comprenaient rien, ne cessaient de couiner.

Les deux écuyers du roi apparurent au détour du chemin. La prenant pour une mendiante, ils l'interrogèrent :

« Eh ! petite ! peux-tu nous dire où est passé le magnifique carrosse tiré par quatre chevaux que nous suivons depuis le palais ? Nous avons ordre de le rattraper... »

La pauvre Cendrillon secoua la tête. Les deux écuyers prirent une autre direction, croyant s'être trompés.

« Ma marraine m'avait prévenue, murmura Cendrillon. Comme le temps passe vite quand on est heureux ! J'ai vraiment tout oublié... même l'heure ! Il était si beau... si charmant ! »

Le vieux cheval la regardait de ses grands yeux tristes.

« Mes amis, reprit-elle. Rentrons vite ! Nous devons être au château avant ma belle-mère et mes deux sœurs ! »

Ils allaient se mettre en route, lorsque Jaq et Gus poussèrent des cris perçants :

« Ta pantoufle ! ta pantoufle ! regarde ! »

Cendrillon baissa les yeux, découvrit la délicate mule qui étincelait à son pied. Elle la retira avec précaution et la serra sur son cœur comme l'avait fait le Prince.

« C'est tout ce qui me reste de ce bal merveilleux ! » dit-elle en souriant.

Les écuyers rentrèrent la tête basse au palais. Ils avaient suivi le carrosse, mais celui-ci avait disparu mystérieusement dans la nuit !

« Idiots ! incapables ! » hurla le chancelier en colère.

Comment retrouver maintenant cette ravissante inconnue ?

Quand le chancelier frappa à la porte du roi, il tremblait comme une feuille, car il lui fallait annoncer au souverain qu'on ne savait rien de la jeune fille qui avait conquis le cœur du Prince.

Il dut frapper trois fois à la porte.

« Entrez ! » hurla enfin le roi, furieux qu'on le réveille... Il était en train de rêver qu'il jouait au cheval avec ses nombreux petits-enfants. Il les transportait sur son dos, et les charmants bambins le bourraient de coups de pied en lui criant « Hue ! »

« Que se passe-t-il ? On ne dérange pas son roi pour rien ! grogna-t-il. J'étais fort occupé.

— Sire, je dois vous avouer que cette jeune fille...

— Mon fils s'est-il déclaré ? coupa le monarque, impatient.

— Majesté, on ignore même son nom.

— Préparons la liste de nos invités au mariage ! poursuivit le roi sans rien entendre.

— Mais Sire, balbutia le chancelier, écoutez-moi...

— Je ne fais que cela !

— Sire, l'inconnue s'est enfuie aux premiers coups de minuit. Son carrosse s'est évanoui dans la nuit !

— Incapable ! Vous venez m'annoncer qu'elle a disparu ? Vous l'avez laissée s'échapper sans lui demander son nom et son adresse, alors que mon fils n'avait d'yeux que pour elle !

— Mais le Prince a retrouvé ceci. Avec, on pourra peut-être

découvrir celle qui… que… », balbutia le chancelier.

Il tendit au roi la petite pantoufle de verre.

« Trahison ! complot ! Vous essayez de me tromper ! Le Prince est de connivence avec vous ! Il ne veut pas de cette jeune fille !

— Mais si, Majesté ! Le Prince

l'aime, il ne pense qu'à elle ; il veut la retrouver.

— Qu'est-ce que vous racontez ?

— Le Prince a fait le serment d'épouser celle qui chausserait cette pantoufle.

— Vous ne pouviez pas me le dire plus tôt ? s'écria le roi en bondissant de joie. Victoire ! je vais être grand-père ! »

Il se calma et regarda le joli petit soulier.

« Ravissant, charmant ! Mais qu'attendez-vous pour le faire essayer à toutes les jeunes filles du royaume ?

— À toutes, Sire ?

— Sans exception. Et quand vous aurez trouvé la jeune demoiselle qui pourra y glisser son pied, revenez immédiatement au palais avec elle.

— Avec la pantoufle, Sire ?

— Non, avec la jeune fille, imbécile !

— À vos ordres, Sire ! » répondit le chancelier, épouvanté du travail qui l'attendait.

Dès le lendemain, des affiches étaient placardées sur tous les murs du royaume :

Sa Majesté fait rechercher
l'inconnue qui a perdu sa
pantoufle sur les marches du
palais. L'envoyé du roi frappera
à toutes les portes pour la
faire essayer à toutes les jeunes
filles en âge de se marier.

Et les envoyés du roi firent savoir que le Prince épouserait la jeune fille dont le pied serait assez menu pour chausser cette pantoufle...

Apprenant la nouvelle, la bellemère de Cendrillon se précipita dès l'aurore dans les chambres de ses filles.

« Anastasie ! Javotte ! Réveillez-vous !

— Pour quoi faire ? gémit l'une en se cachant sous ses draps.

— Que se passe-t-il ? grogna l'autre. On ne peut même pas dormir en paix après les fatigues du bal !

— Debout, mes beautés ! Vous avez encore une chance d'épouser le Prince...

— Quoi ? souffla l'une.

— Comment ? » cria l'autre.

Échevelées, bouffies de sommeil, les deux laiderons s'assirent sur leur lit pour écouter leur mère :

« Mes enfants, la belle inconnue d'hier a perdu l'une de ses pantoufles en quittant le bal ! Le Prince, qui est tombé fou amoureux d'elle, promet d'épouser celle qui aura le pied assez menu pour chausser cette pantoufle ! Préparez-vous à recevoir le chancelier du roi qui va frapper à notre porte ! »

Bouleversée par cette nouvelle, Cendrillon, qui apportait le plateau de ces dames, le lâcha dans un fracas épouvantable.

« Maladroite ! cria la marâtre. Ramasse tout et dépêche-toi d'aider mes filles à s'habiller. Arrange-toi pour qu'elles soient prêtes à essayer le petit soulier dans un instant ! »

« Je voudrais bien l'essayer, moi aussi ! pensa Cendrillon en ramassant les débris de porcelaine. Mais il faut que je monte me changer ! »

Elles virent tout à coup Cendrillon tourner les talons.

« Qu'est-ce qu'elle fait, cette idiote ? s'étonna Anastasie.

— Elle est à notre service, oui ou non ? » cria Javotte.

Leur mère avait pâli. Se doutant soudain de quelque chose, elle suivit Cendrillon sans écouter les récriminations de ses filles.

Tout en grimpant l'escalier derrière la jeune fille, la marâtre l'entendait fredonner gaiement l'air de la valse qu'elle avait dansée la veille avec le Prince.

Le rêve d'une vie c'est l'amour.
Peut-être qu'un jour...

Cendrillon était entrée dans sa chambre. La belle-mère, tout essoufflée, entrouvrit sans bruit la porte de la mansarde et glissa un coup d'œil à l'intérieur. Sa belle-

fille, perdue dans ses pensées, venait de s'asseoir devant son miroir.

« Cendrillon, attention, derrière toi ! » crièrent Gus et Jaq.

Trop tard ! La méchante femme venait de l'enfermer à triple tour. Cendrillon se jeta sur la porte, la martela de ses poings. Mais la marâtre descendait déjà l'escalier, la clé au fond de sa poche !

Gus et Jaq étaient fous de rage.

« Elle n'a pas le droit de faire ça ! piaillait Gus.

— Nous allons chiper la clé à cette vieille peste ! promit Jaq. Mais prévenons Cendrillon avant de descendre ! »

Ils se glissèrent sous sa porte et la trouvèrent en larmes.

« Ne pleure plus, nous travaillons pour toi ! lui dit Gus.

— Si tout va bien, nous te rapporterons la clé ! promit Jaq.

— Mais comment? s'inquiéta Cendrillon.

— Fais-nous confiance ! » crièrent Jaq et Gus en s'engageant dans leur passage secret qui menait au rez-de-chaussée.

La mère et ses deux filles, dans leurs plus beaux atours, attendaient au salon l'arrivée du chancelier. Tout excitée, la châtelaine avait fini par se persuader que la petite pantoufle irait à l'une ou l'autre de ses filles. La vilaine femme se voyait déjà belle-mère du futur roi ! En attendant, elle multipliait ses recommandations.

Un carrosse s'arrêta devant la porte du château. On frappa. En l'absence de Cendrillon, la châtelaine alla ouvrir.

« Son Excellence le Grand Chancelier du Royaume ! » annonça le laquais.

Les trois femmes s'inclinèrent presque jusqu'au sol.

« Monseigneur, dit la châtelaine, voici mes deux charmantes filles, Javotte et Anastasie !

— Enchanté, mesdemoiselles », murmura l'envoyé du roi, sur le point de tourner les talons à la vue des deux laiderons.

Le laquais lut la proclamation du roi, puis il présenta à ces dames la pantoufle de verre sur un coussin de velours.

« C'est celle de Cendrillon, souffla Jaq dans l'oreille de Gus. Sortons vite de notre cachette, approchons-nous de la belle-mère. Je vois la clé dépasser de sa poche ! »

« Mais... c'est MA pantoufle ! cria Javotte.

— Menteuse, c'est la MIENNE ! hurla Anastasie en tendant son pied à la hauteur du nez du laquais. Je la reconnais !

— Du calme, mes beautés ! Excusez-les, Monseigneur, elles sont si émues... », coupa la mère.

Anastasie s'efforçait déjà de chausser la pantoufle, mais seul le bout de son pied y entrait.

« J'ai le pied gonflé pour avoir trop dansé ! dit-elle en comprimant si bien ses orteils qu'elle réussit à y introduire le talon. Voyez ! elle me va comme un gant ! »

Mais, fft ! son pied se détendit soudain et le petit soulier voltigea dans les airs.

« Ouf ! » souffla l'envoyé, le rattrapant, le cœur battant.

Captivée par les événements, la

châtelaine ne sentait pas que Jaq, aidé de Gus, était en train de retirer la clé de sa poche. C'était difficile pour les souriceaux ; ils manquèrent basculer tous les deux.

« Victoire ! chuchotèrent-ils en se faufilant sous un fauteuil avec leur proie. On l'a !

— Il faut encore aller jusqu'à

l'escalier avec la clé, et puis la monter à Cendrillon ! » soupira Jaq, épuisé.

Chapitre 7

« Courage ! pensons à Cendrillon... », se disaient les deux souriceaux pour ne pas faiblir en s'escrimant dans l'escalier.

Il fallait dresser la lourde clé contre une marche, puis vite monter, la tirer et recommencer à la marche suivante.

« Oh ! hisse ! Oh ! hisse ! », gémissaient-ils ensemble.

Et ainsi jusqu'au palier du premier étage. Là, ils s'arrêtèrent un instant pour reprendre leur souffle, puis se remirent à transporter leur fardeau. Et le temps passait...

« Nous y sommes ! » annonça enfin Gus, épuisé par l'effort.

Ils avaient atteint le niveau du grenier et n'avaient plus qu'à pousser la clé jusqu'à la porte de la mansarde. Cendrillon, qui les guettait par le trou de la serrure, les vit enfin déboucher dans le couloir.

« Jaq ! Gus ! vous avez la clé ! Vous êtes de vrais héros ! leur cria-t-elle. Glissez-la vite sous la porte ! »

C'est bien ce que les souriceaux avaient prévu. Mais... Lucifer, embusqué dans un coin sombre du grenier, venait de surgir, poussant un bol devant lui, leur barrant la route.

Clac ! le bol se rabattit sur Gus. L'affreux matou se léchait les babines, une patte posée sur la clé, l'autre sur le bol.

« Lucifer, laisse-les ! suppliait Cendrillon. Je te donnerai tout ce que tu voudras… »

Mais le chat ne bougea pas.

Cendrillon, craignant de ne pouvoir s'échapper avant le départ du chancelier, appela les oiseaux qui voletaient devant sa fenêtre.

« Mes amis, allez vite chercher Pataud, qu'il vienne à mon secours ! » leur demanda-t-elle.

Les oiseaux plongèrent dans la cour en pépiant bruyamment. Pataud dormait. Il fallut que l'un d'eux lui soulève l'oreille, tandis qu'un autre lui criait très fort de monter au grenier.

D'un bond il fut dans l'escalier, qu'il grimpa quatre à quatre, trop content d'avoir une bonne raison de se venger de cet affreux matou. Il surgit sur le palier, tous crocs dehors.

Le chat miaula de terreur et recula, lâchant le bol et la précieuse clé. Gus, libéré, aida aussitôt Jaq à la glisser sous la porte de Cendrillon, tandis que Pataud s'occupait de Lucifer.

Au salon, Javotte essayait la pantoufle en faisant des tas de manières. Après s'être évertuée à y faire entrer son pied, elle s'écria, soudain triomphante :

« Voyez ! elle me va à merveille ! »

La petite pantoufle de verre pointait en effet sous la jupe de Javotte. La mère ne se tenait plus de joie. Le chancelier, au désespoir, n'en croyait pas ses yeux.

« Tricheuse ! » hurla Anastasie lorsque les plis de la robe bougèrent, découvrant les énormes pieds de la vilaine, dont seuls les orteils tenaient dans la pantoufle !

« Pas d'autres jeunes filles dans la maison, j'espère ? Non... je suppose ! demanda le chancelier, pressé d'en finir.

— Non ! mentit la châtelaine.

— Votre Grâce ! Votre Grâce,

attendez, je vous prie, appela une jolie voix douce. Je voudrais essayer aussi la pantoufle ! »

Cendrillon venait d'apparaître en haut du grand escalier, vêtue de ses haillons.

« C'est notre servante ! dit Javotte.

— Une souillon ! ajouta Anastasie.

— Ne faites pas attention à elle, dit la marâtre.

— Par ordre du roi, toutes les jeunes filles sans exception doivent l'essayer, insista le chancelier. Venez mademoiselle… quel joli petit pied vous avez ! »

Il avançait, la pantoufle à la main, ne regardant que Cendrillon. Alors, la méchante belle-mère glissa sa canne en avant pour le faire trébucher. La pantoufle de verre lui échappa des mains, tomba sur le sol et se brisa.

« Oh non ! quel malheur ! Je suis perdu, déshonoré ! Il ne me sera plus possible de retrouver cette jeune fille ! gémit le pauvre chancelier, désespéré.

— Cela peut encore s'arranger, lui dit gentiment Cendrillon en tirant de sa poche l'autre pantoufle de verre.

— Miracle ! s'écria le chancelier. Alors, vous... vous êtes... la jeune fille que nous cherchons ? »

Cendrillon lui sourit et d'un geste gracieux chaussa la jolie pantoufle qui lui allait à merveille. Elle était exactement à son pied.

Le chancelier était aux anges. Il répétait :

« Je vous emmène au palais... Le Prince vous attend !

— Permettez-moi de monter changer de robe, dit Cendrillon.

— Vous changer ? Inutile ! Je vous trouve ravissante telle que vous êtes, le roi sera de mon avis, le Prince aussi ! »

Les souriceaux dansaient de joie, les trois méchantes femmes étouffaient de rage et Cendrillon rayonnait de bonheur.

« Vive Cendrillon ! claironna Jaq.

— Vive Cendrillon ! » répétèrent tous ses petits amis.

Le grand chancelier, tout ému, offrit son bras à la ravissante demoiselle et la conduisit jusqu'à son carrosse, sans un regard pour les deux méchantes sœurs et leur mère, vertes de colère et de dépit.

Le Prince attendait celle qu'il aimait. Son cœur la reconnut et sa joie fut infinie. La satisfaction du roi était presque complète : il allait marier son fils à la plus ravissante et à la plus gentille belle-fille dont il eût jamais rêvé. Il ne lui manquait plus que les petits-enfants qu'il espérait nombreux !

Les préparatifs du mariage commencèrent aussitôt. La fiancée reçut une corbeille de noces à faire rêver les plus riches princesses.

Le mariage fut célébré en grande pompe dans l'allégresse

générale. Tous les habitants du royaume y furent conviés.

Il paraît que certains invités s'étonnèrent de voir un cortège de petites souris, habillées en demoiselles et garçons d'honneur, trottiner autour de la mariée, tenant sa traîne. Il y avait aussi Pataud, le cheval blanc et les oiseaux, ses amis.

La jolie princesse n'avait oublié personne ! Elle souriait à son prince charmant. Tous deux savaient que rien ne manquerait à leur bonheur, pour toujours.

Table

Table

Imprimé en France par ***Partenaires-Livres®***
N° dépôt légal : 35051 - mai 2003
20.20.0740.04/9 ISBN : 2-01-200740-6